AF453527

DISCOVRS PARTICVLIER

CONTRE LES FEMMES DESBRAILLEES DE ce temps.

Par PIERRE IVVERNAY Preſtre, Pariſien.

TROISIESME EDITION.

A PARIS,
De l'Imprimerie de PIERRE LE-MVR,
dans la grand-Salle du Palais.

M. DC. XXXVII.

PREFACE.

Es raiſons principales pourquoy pluſieurs fémes (c'eſt
toute la meſme choſe de
pluſieurs hommes) par leurs vanitez
& folies ſe ſoucient ſi peu de donner
à autruy occaſion de pecher , ſont
premierement : Parce que ſçachans
que Dieu [a mis l'homme en la main *Eccl. 15.*
de ſon conſeil,] c'eſt à dire, l'a creé libre pour cõſentir ou reſiſter au mal;
peut-eſtre elles ſe perſuadent qu'en
donnant à autruy occaſion de pecher (ſans neantmoins pour cela de-
ſirer qu'il peche,) elles meritent plu-

ftoft qu'elles ne pechent: A caufe
que par le moyen de telle occafion
elles luy donnét vn fujet pour beaucoup meriter, fi d'auanture il fe veut
feruir du talent de fa liberté pour la
fin principale pour laquelle il luy a
efté donné : C'eft à fçauoir, afin de
refifter & ne pas confentir au mal
ou peché. Veu principalement que
(felon Thomas à Kempis) les occa-
fions ne nous rendent pas plus fragiles; ains feulement monftrét quels
nous fommes, ou autrement, quelle
difpofition il y a en nous pour la
vertu ou pour le vice.

Secondemét, parce qu'elles ignorent l'obligation qu'vn chacun a de
procurer le falut de fon prochain.

Tiercement, parce qu'elles efti-
ment comme paradoxe, de dire qu'il
faille pleurer & faire penitence pour

les pechez d'autruy, mesmes de ceux
ausquels on n'a iamais donné occasion de pecher.

Quatriesmement, par ce qu'elles
ignorent que les peines dans les en-
fers, de ceux qui ont donné à au-.
truy occasion de pecher, s'aug-
mentent de plus en plus à proportion qu'il y a des personnes au monde, qui pour le mauuais exemple receu d'eux commettent de nouueau
quelque peché.

Cinquiesmement, par ce qu'elles
ignorent encor combien sont dan-
gereuses les maledictions contre elles fulminées par les personnes qui à
leur occasiõ sont tombées en quelque peché mortel.

Finalement, par ce qu'elles ne
considerent pas la grande obligation qu'elles ont d'estre tousiours

enfermées (comme parle saincte Catherine de Sienne en son Dialogue) dans le secret cabinet de l'humble cognoissance de Dieu & d'elles mesmes.

Or combien ces femmes sont aueuglées, & combien leurs raisons sont friuoles & inexcusables deuant Dieu ; ie leur vay faire sçauoir par les chapitres suiuans.

L'IMPRIMEVR
AV LECTEVR.

AMY LECTEVR, Ayant veu la diftra-
ction prompte des exemplaires des deux
precedentes editions de ce prefent liuret, ie
l'ay voulu r'imprimer encor plus nettement
& plus correctement pour le bien du public.
Ie t'aduertis icy feulement de deux chofes:
l'vne, que cette troifiefme edition eft aug-
mentée de nouueau par l'Autheur de quelques petites hiftoires. L'autre, qu'encor que
le tiltre des affiches qui porte ainfi, ADVIS
TRES-IMPORTANT AVX DAMES, foit
autre que celuy de ce mefme liure : neantmoins il ne denote point d'autre liure que celuy-cy. Seulement on a iugé à propos de l'in-
fcrire de la forte, afin de ne point donner fujet
de rire à ceux qui voulans controller les œuures d'autruy, aufquelles ils n'en pourroient
peut-eftre faire de pareilles, font affez paroi-
ftre leur imprudence & legereté d'efprit. Ie te
prie, fais ton profit de ce liure, & en commu-
niques liberalement la lecture à toutes celles
que tu iugeras en auoir befoin.   Adieu.

S. MARIA MAGDALENA.
Vanitas Vanitatum et omnia Vanitas Ecclesiastes 1
Matheus excud.

DISCOVRS
PARTICVLIER CONTRE
LES FEMMES DESBRAILLEES
de ce temps.

CHAPITRE PREMIER.

Du Scandale.

LE scandale proprement est, quand on fait ou obmet quelque actió, dont vn autre prend occasion de pecher. Or il y en a de deux sortes. L'vn se nomme *Pharisaïque*: L'autre, *des petits*. Le scandale *Pharisaïque* est, quand on fait ou obmet quelque action, dont vn autre prend

occasion de pecher par vne pure &
noire malice. Comme (par exemple)
quand les Pharisiens (d'où est tiré ce
mot, *Pharisaïque*) blasphemoient
voyans nostre Seigneur prescher &
faire des miracles : Ou bien, quand
vn heretique blaspheme, fait des iu-
gemens temeraires, & detracte des
Catholiques qu'il voit honorer les
images des Sainéts & Sainétes, & a-
dorer le tres-sainét Sacrement de
l'Autel : Ou bien encor, quand les
Payens blasphement, font des iuge-
mens temeraires, & detractent des
mesmes Catholiques qu'ils voyent
ne vouloir honorer ny adorer leurs
idoles.

Le scandale *des petits* est, quand
on fait ou obmet quelque action
dont vn autre prend occasion de
pecher par pure fragilité, & comme
à regret. Comme (par exemple) quãd

les perfonnes de quelque famille ou
communauté fe detraquent du bon
train de vie, & f'addonnent aux vi-
ces, à caufe qu'ils voyent leurs Supe-
rieurs mefmes eftre defbordez & vicieux, ou bien, ne pas chaftier leurs
inferieurs qu'ils recognoiffent eftre
defbordez & vicieux.

Or il n'y a point de peché à caufer le fcandale *Pharifaïque*, pourueu
que par l'action qu'on fait ou obmet on n'ait point intention de le
caufer : Comme il appert en ce que
noftreSeigneur mefmes ne laiffa pas
de prefcher & faire fes miracles en
la prefence des Pharifiens, qui pre-
noiét de là occafion de blafphemer
dauantage contre luy par vne pure
& noire malice : D'où vient qu'il dit
parlant d'eux auec mefpris; [Laiffez- *Matt.15.*
les là, ils font aueugles, & guides des
aueugles.] Mais à caufer le fcandale

des petits, tant par quelque action mesmes de soy bonne & vertueuse, (non toutefois commandée) que par l'obmissió d'icelle, ou bien par quelque action mauuaise & vicieuse, il y a tousiours peché mortel ou veniel, selon qu'est le peché que commet celuy qui prend de tel scandale occasion de pecher ; encor que celuy qui cause ce mesme scandale, n'ait nullement intention de l'exciter à pecher. Or que cela soit ainsi, il est *D. Tho.* manifeste chez les Docteurs, & ie le *2 2. qu.* vay encor presentement monstrer *43. art. 7.* *& 8.* par plusieurs passages de l'Escriture & des saincts Peres.

Et premierement nostre Seigneur *Matt. 18.* dit dans l'Euangile : [Gardez vous bien de scandaliser l'vn de ces petits qui croyent en moy, parce que leurs Anges voyent tousiours la face de mon Pere qui est au ciel. C'est à dire,

Gardez vous bien par voſtre mauuais exemple de donner occaſion de
pecher à ceux-là qui ſont fragiles;
parce qu'ils ont leurs Anges gardiés
qui ſont côme leurs tuteurs & pro-
tecteurs, & qui voyent touſiours la
face de mon Pere qui eſt au ciel, &
par conſequent qui luy rapporterôt
le tort & l'iniure que vous leur fe-
rez. D'où ſainct Hilaire tire cette
conſequence:[Donc c'eſt vne choſe *Cant. 18.*
bien perilleuſe de meſpriſer celuy *in Matt.*
dont les deſirs & prieres ſont portées
au Dieu eternel & inuiſible par le
miniſtere ambitieux & majeſtueux
des Anges.] Et certes, ſainct Hieroſ- *Epiſt. ad*
me raconte vne hiſtoire eſpouuen- *Lætam*
table de cecy, preſque en ces termes: *de inſt.*
[Il eſtoit vne grande Dame nom- *filiæ.*
mée Pretextate: Elle auoit ſon mary
nommé Hymetius, & vne niepce
nommée Euſtochiú. Comme cette

grande Dame pour obeïr à son mary ornoit mondainement sa niepce, luy donnant des habits dissolus, & luy frisant les cheueux : l'Ange gardié de cette fille luy apparut, disant: Comment mal-heureuse que tu es, ose-tu preferer le commandement de ton mary à celuy de Dieu? Comment ose-tu de tes mains sacrileges toucher la teste de cette saincte vierge?Sçache que pour punition de ton peché tes mains deuiendront seiches & arides, & au bout de cinq mois tu mourras & seras damnée : Et si auparauant ce temps tu persistes tousiours en ton peché,ton mary mourra,& tes enfans aussi.] Ce que sainct Hierosme dit luy estre arriué ainsi de poinct en poinct.

Dauantage, il est encor dit dans l'Escriture: [Garde toy bien de mettre quelque empeschement deuant

Leuit.19

l'aueugle, parce qu'il fe blefferoit in-
continant.] C'eft à dire, Garde toy
bien de donner quelque occafiõ de
pecher à celuy qui eft fragile, parce
qu'il f'y lairroit facilement aller. Et
derechef: [Mal-heur à celuy par qui *Matt.18.*
fcandale aduient. Malheur au mon-
de à caufe des fcandales qui f'y donnent.] Et encor:[Si quelqu'vn fcan- *Ibidem.*
dalife l'vn de ces petits qui croyent
en moy, il eft neceffaire qu'on luy
attachevne meule de moulin au col,
& qu'on le jette ainfi au profond de
la mer.] Voila donc ce que meritent
ceux & celles qui donnent à autruy
occafion de pecher. Sainct Paul dit:
[Si ton frere eft contrifté pour te *Rom.14.*
voir manger de la viande, tu ne che-
mines plus felon charité.] Comme
voulant dire, dés lors tu as perdu la
grace de Dieu, & es en eftat de peché mortel. Et derechef: [Garde toy *Ibidem.*

bien en mangeant de la viande (ou autrement, par ton mauuais exemple) de perdre celuy pour qui Iesus-Christ est mort.] Où il faut remarquer deux choses. Premierement le peu d'estime que font de la passion de nostre Seigneur ceux qui donnent à autruy occasion de pecher: de sorte qu'ils semblét la vouloir mespriser, foüiller, & fouler aux pieds son precieux sang (comme parle S. Paul)& le rendre inutil En second lieu, on remarquera le peu d'estime que font ces mesmes personnes-là du salut des ames : En quoy elles se trompent grandement. Car si vn lapidaire (par exemple) tres-expert en son mestier, achetoit vne pierre cent mil pistoles, ne iugerions nous pas qu'elle seroit bien excelléte; veu que nous sçaurions que ce lapidaire ne pourroit pas s'estre trompé en l'achetant?

1.Pet.2.
& Heb.
10.

Hebr.6.

chetant? Or sainct Paul inspiré du
sainct Esprit, dit que Iesus Christ a
racheté nostre ame d'vn grand prix:
Car il dit [vous estes rachetez de grãd 1. Cor. 6.
prix:] Donc nous deuons grande-
ment estimer le salut de nostre ame
& de celle de nostre prochain, & par
consequét le preferer à tous les biens
du monde: veu que d'ailleurs nous
sommes asseurez que Iesus Christ ne
peut pas s'estre trompé en nous ra-
chetant: attendu [qu'en luy (comme Coloss. 2.
dit le mesme Sainct) est caché le tre-
sor de toute science & sapience.] Et
pour cette raison il dit ailleurs: [Bles- 1. Cor. 8.
sans la conscience tendre de vos fre-
res, vous pechez contre Christ.] Et
derechef: [Si la viande scãdalise mon *Ibidem.*
frere, i'aime mieux m'abstenir eter-
nellement d'en manger, afin de ne le
point scandaliser.]

De plus, ceux qui scãdalisent leurs

prochains sont comme les instrumens du diable, pour attirer les ames
à luy ; au lieu de seruir d'instrumens à
Dieu, pour les luy attirer. Sainct Paul
nous exhorte à ce que nous soyons
2. Cor.2.   tousiours [vne bonne odeur de Iesus
Christ à Dieu.] C'est à dire, que tout
ainsi que les corps odoriferans (comme, par exemple vne rose) recréent
par leur odeur ceux qui sont presens:
De mesme par nostre bon exemple
nous edifions nos prochains. Et de
fait, c'est vne merueille de voir combien le bon exemple a de pouuoir
pour attirer les ames à la pieté & deuotion. Il est rapporté de saincte Co-
Apud   lete (tres-digne reformatrice de l'Or-
Surium,   dre de saincte Claire,) & aussi de sain-
tom.7.in   cte Marie d'Ognie, que comme plu-
vitis Il-   sieurs ieunes hommes grandement
larum.   dissolus & desbauchez, & entr'autres
vn certain Ecclesiastique de Cam-

bray auſſi grandement deſbauché, les veirẽt marcher auec vn maintien ſi graue, & vne modeſtie ſi honneſte; auſſi toſt ils fondirẽt en larmes pour la grande contrition de cœur qu'ils conceurent ſur le champ de leurs pechez. D'où vient que dés lors ils ſe reformerent, & veſquirent ſainctement le reſte de leur vie ; tant eſtoit grande & efficace la grace du ſainct Eſprit, qui de la plenitude du cœur de ces deux grandes Sainctes redondoit en leur face, en leur maintien, & en leurs actions.

Or maintenant, de ſçauoir ſi les femmes pour ſe monſtrer deſbraillées cauſent le ſcandale *des petits*, & par conſequent pechent mortellement ou veniellement ſeulemẽt; c'eſt ce que i'examineray plus bas au chapitre ſeptieſme.

B ij

CHAPITRE II.

Du soin qu'on doit auoir du salut de ses prochains.

CEcy nous est expressémét com-
mandé en plusieurs endroits de
l'Escriture. Et premierement où il est
Eccli. 17. dit : [Dieu a donné charge à vn chacun de son prochain.] Et derechef:
Mat. 18. [Si ton frere peche, corrige-le.] Et
1. Ioan. 3. encor: [Nous deuons exposer nostre
propre vie pour le salut de nos fre-
res.] Dieu mesmes a eu vn tel soin du
salut de nos ames, qu'il a enuoyé icy
Ioan. 3. bas son fils vnique, afin de s'incarner
& endurer vne mort tres-douloureu-
se & tres-ignominieuse sur l'arbre de
la croix pour iceluy. De là vient que
Moïse pour le grand zele qu'il auoit
à son imitation du salut de son peu-
Exad. ple, disoit: [Ou pardónez, Seigneur,
33.

à ce peuple cette faute : ou effacez moy du liure de vie, dans lequel vous m'auez escrit.] C'est à dire , priuez moy plustost du Paradis &de la gloire eternelle. Et *Dauid* voyant que Dieu affligeoit son peuple : [C'est 2. *Reg.* moy qui ay peché, c'est moy qui ay *vlt.* fait iniustement : ceux-là qui sont des moutons, qu'ont-ils fait ? Ie vous prie donc, Seigneur, tournez vostre main à l'encontre de moy.] Et sainct Paul : [Ie desirois estre fait anatheme *Rom.9.* pour mes freres. C'est à dire, estre priué de la grace de Dieu. Ce n'est pas qu'il desirast cela absolument , veu qu'il dit ailleurs ; [Nulle creature ne me pourra iamais separer de l'amour en Iesus Christ. Mais il vouloit seulement signifier par cette façon de parler , qu'il estoit prest d'endurer pour le salut de ses freres tous les tourmens qu'endurent & peuuent endu-

rer ceux qui font priuez de la grace
de *Dieu*, comme font les damnez.

Philip.1.   Le mefme difoit encor: [Ie fuis
tourmenté de deux grands defirs:
l'vn d'eftre deflié de ce corps, & eftre
auec Iefus Chrift ; & cecy me feroit
bien meilleur : par ce que ie ferois
hors le danger de pecher & d'eftre
reprouué. L'autre defir dont ie fuis
tourmenté, eft d'eftre toufiours auec
mes freres, afin de les exhorter à la
pieté & deuotion:& celuy-cy ne me
feroit pas fi bon;parce qu'eftant auec
eux ie ferois toufiours dans le danger de pecher & d'eftre reprouué.
Mais pourtant, pour le grand zele
que ie porte à leur falut, i'aime
mieux eftre encor auec eux, afin de
les exhorter à la pieté & deuotion, &
par-ainfi eftre dans le danger de pecher & d'eftre reprouué:que non pas
eftre deflié de ce corps, & eftre auec

Iesus Chriſt, & par-ainſi eſtre hors le
danger de pecher & d'eſtre reprouué. Sur quoy ſainct Chryſoſtome:
[Quoy? qu'eſt-ce là? où eſt l'eſprit
de ſainct Paul? il ne luy eſt iamais arriué choſe pareille, ny ne luy peut arriuer: de dire, qu'il aime beaucoup
mieux eſtre touſiours auec ſes freres,
afin de les exhorter à la pieté & deuotion, & par-ainſi eſtre touſiours
dans le danger de pecher & d'eſtre
reprouué; que non pas eſtre deſlié de
ſon corps, & eſtre auec Ieſus Chriſt,
& par ainſi eſtre hors le danger de
pecher & d'eſtre reprouué.] Et certes,
qui ſeroit le marchand qui ayant ſon
nauire chargé de marchãdiſe, & eſtãt
heureuſement arriué au port, voudroit de nouueau retourner ſur la
mer, pour ſe mettre en dãger de perdre ſa marchandiſe? Qui ſeroit le ſol-
dat, qui eſtant preſt d'eſtre couronné

voudroit de nouueau retourner au combat, & se mettre en danger de perdre sa couronne ? Ou qui seroit encor le soldat, qui estant prest d'arriuer auec triomphe en sa maison, & de iouïr de l'abondáce de toutes choses, voudroit de nouueau retourner à la guerre pour endurer la sueur & fatigue, & exposer sa vie à mil sortes de dangers ? Et neantmoins c'est ce qu'a *Philip.2.* fait sainct Paul, [recherchât plustost (comme il dit luy-mesme) l'interest de ses freres, que le sien propre.]

Saincte Therese à son imitation auoit encor vn si grand zele du salut des ames, qu'elle nous a laissé par escrit, que non seulement elle estoit preste en tout temps d'exposer sa vie, mais mesmes d'endurer toutes les peines du purgatoire iusques au iour du iugement dernier pour le salut d'vne seule, s'il eust esté possible par ce moyen.

Pareillement sainct Martin Euef- Die 11.
Nouéb.
que de Tours, estant à l'article de la
mort, & poussé du mesme zele, a dit:
Seigneur, si ie suis encor necessaire à
vostre peuple, ie ne refuse point le
trauail : que vostre volonté soit faite.

Il est rapporté d'vn certain hermi-
te nommé Abraham, qu'il quitta son Sur. 16.
Martÿ.
B. Ephrē
hermitage, & son habit d'hermite,
prenant celuy de gendarme, & s'en
alla courir bien loin en diuerses con-
trées, pour trouuer sa niepce Marie,
qu'il sçauoit mener depuis enuiron
deux ans vne vie licentieuse & dé-
bordée, & la ramener au droit sen-
tier de la vertu : voire mesmes aussi
que l'ayant rencōtrée en vne hostel-
lerie, afin de la pouuoir plus facilement induire à son sainct dessein, il
se resolut de manger de la viande a-
uec elle, encor que depuis enuiron
cinquante ans il s'en fust auparauant
abstenu.

Finalement, il est rapporté en la vie de saincte Marie d'Ognie, que sa mere mesmes luy apparut aprés sa mort, luy declarant qu'elle estoit damnée pour deux causes. Premierement, pour auoir pris du bien d'autruy iniustement. Secondemét, pour auoir negligé durant sa vie le salut de ses domestiques.

Or maintenant, femmes, puis que vous deuez conceuoir vn si grand zele du salut de vos prochains; combien à plus forte raison deuez-vous auoir grand soin d'oster en vous tout ce qui leur peut donner occasion de tomber en quelque peché mortel ou veniel, & par consequét d'auoir tousiours vostre sein, vostre col, & vos bras cachez & couuerts ?

CHAPITRE III.

Qu'il faut pleurer, & faire penitence pour les pechez d'autruy.

CEcy semblera paradoxe à plu-sieurs ; mais pourtant ie le vay prouuer clairement par plusieurs témoignages de l'Escriture saincte. Et premierement Ieremie disoit : [Qui *Ierem. 9.* dōnera de l'eau à mon chef, & à mes yeux vne fontaine de larmes ; & ie pleureray iour & nuict les meurtres qui ont esté faits.] Dauid : [Mes yeux, *Psal. 118.* Seigneur, ont ietté vne riuiere d'eau, à cause que les pecheurs n'ont point gardé vostre loy.] Le mesme : [Ie suis *Ibidem.* tombé en defaillance à cause des pecheurs qui ont quitté vostre loy.] Et derechef ayant sceu que son fils Ab-salon estoit mort en ses pechez : [Ab- *2. Reg. 18* salon mon fils, mon fils Absalon, qui eſt-ce qui me pourra faire cette grace, que ie puiſſe mourir pour toy? C'eſt à ſçauoir, pour le deliurer de ſes pechez, & de la mort. Où il faut remarquer, comme pour l'extreme angoiſſe de ſon cœur il repete par deux fois & à rebours ces paroles, Abſalon mon fils, mon fils Abſalon. De meſme encor, ayant ſceu que Saül eſtoit *2.Reg.1.* mort en peché mortel, il eſt dit [qu'il en a eu tres-grand dueil.] Iſaïe par- *Iſai.16.* lant des Moabites qui eſtoient enne- *& 21.* mis de Dieu, & auoient eſté malheureuſement tuez en leurs pechez, dit: [Sur ce ie pleureray en dueil.] Et vn peu aprés il adiouſte: [Sur ce mon ventre raiſonnera comme vne harpe enuers Moab.] C'eſt à dire, ie tireray de mon ventre des ſanglots & ſouſpirs tres-grands ſur ſa mort. Ailleurs *Ezech.9.* Dieu dit à Ezechiel: [Paſſe par le milieu de la cité au milieu de Ieruſalem, & imprime la lettre **T** (qui eſt la figure de la croix) ſur le front des hommes qui pleurent ſur toutes les abominations & meſchancetez qui ſe commettent au milieu d'icelle.] C'eſt à ſçauoir, ceux-là eſtoient marquez comme pour ce deſtinez à la gloire eternelle, & comme eſtans grandement agreables à Dieu, leſquels pleuroient les pechez d'autruy. Sainct Paul : [I'ay vne grande triſteſſe & vne continuelle douleur en mon cœur, & pour ce meſmes i'ay deſiré eſtre fait anatheme pour mes freres.] Il dit encor, qu'il a pleuré ſur tous ceux qui n'ont point fait de penitence de leur immondice & fornication.] Et derechef : [Pluſieurs marchent dont i'ay deſia parlé, & parle encor à preſent la larme à l'œil, ennemis de la croix de Ieſus-Chriſt, leſquels n'ont point

Rom.6.

1.Cor.12.

Philip.2.

d'autre Dieu que leur ventre.] Et
2. Cor. 2. en l'Epiſtre aux Corinthiens : [Auec
beaucoup de tribulatiõ & beaucoup
d'angoiſſe de cœur coniointe auec
beaucoup de larmes ie vous ay eſcrit :
afin que vous ſcachiez combien eſt
grande & abondante la charité que
i'ay enuers vous.] Et ailleurs eſcriuant
2. Cor. 11. aux meſmes : [Qui eſt-ce qui eſt malade, que ie ne ſois auſſi malade ? Qui
eſt ſcandaliſé, que ie ne bruſle auſſi
en moy-meſme ?] De là vient que S.
Chryſoſtome a dit que [perſonne n'a
iamais tãt pleuré ſes propres pechez,
que ſainct Paul a pleuré ceux d'autruy.] Pareillement lors que preſque
tout le peuple d'Iſraël couroit aprés
les faux Dieux, il eſt dit que le ſeul
3. Reg. Helie [eſtoit caché en vne cauerne,
19. zelé du zele pour le Seigneur Dieu
des armées, parce qu'ils auoiét rom-
pu l'accord de leur Seigneur.] Dere-

chef comme le peuple d'Ifraël pour
fes pechez eftoit detenu en captiuité
depuis foixante & dix ans entiers, il
eft dit de Daniel (qui eftoit iufte, veu
que pour cette raifon il eft appellé
dans l'Efcriture [L'homme des defirs *Dan.9.*
de Dieu,] qu'il a tourné fa face vers le
Seigneur Dieu, & l'a prié inftammét
couuert de cendre, d'vn fac, & ieuf-
nant, afin qu'il pardonnaft les pechez de ce peuple, & le retiraft de la
captiuité où il eftoit.

Nous lifons de fainct *Dominique*, que toutes les nuicts ordinairement il fe difciplinoit iufqu'au fang
par trois diuerfes fois. La premiere,
pour fes propres pechez : la feconde,
pour ceux d'autruy : & la troifiefme,
pour les ames du purgatoire.

Et de faincte Chriftine, encor pour *Apud*
Thom.
fatisfaire aux pechez d'autruy, qu'elle *Canti-*
auoit accouftumé tantoft de fe jetter *pral. &*
uv 13.
Iunij.

dans vn four ardant, tantoſt de ſe
veautrer nuë ſur les eſpines, tantoſt
de ſe plonger encor nuë dans les neiges & glaces, & tantoſt de ſ'expoſer
aux bras tournoyans des moulins,
afin que par ce moyen ſon corps fuſt
déchiré & meurtri de coups.

Finalement il eſt rapporté de ſaincte Leugarde vierge, qu'elle a ieuſné
& fait penitence l'eſpace de quator-
ze ans entiers pour les pechez de tout
le monde (ſelon que noſtre Dame
meſmes luy auoit commãdé en vne
particuliere apparition:) C'eſt à ſçauoir, en ne mangeant qu'vn peu de
pain, & ne beuuant que de la biere és
ſept premiers; & és ſept autres en ne
mangeant encor qu'vn peu de pain
auec quelque peu d'herbes.

Or maintenant, puis qu'vn chacun eſt obligé de pleurer & faire penitence pour les pechez d'autruy:
combien

*In vita
eius a-
pud Sur.
tom. 3.
p. 661.
Item, 16.
Iunij.*

combien sont effrontées les femmes
qui non seulement ne pleurent pas,
ny ne font point penitence pour les
pechez de leurs prochains : mais au
contraire les induisent & excitent à
pecher en leur monstrant leur col &
leur sein nud, auec vne grande partie
de leur dos & de leur bras découuerte.

CHAPITRE IIII.

Que les femmes desbraillées sont sorties
du secret cabinet de l'humble cognois-
sance de Dieu & d'elles-mesmes.

Q Vand on voit par les ruës ou
dans les Eglises, ou ailleurs vne
femme monstrant son sein nud, on
peut bien asseurément dire d'elle ce
que saincte Catherine de Siéne auoit *In Dial.*
accoustumé de dire des Religieux &
autres personnes Ecclesiastiques qui

C

ne se peuuent tenir en leur chambre,
ains desirent tousiours aller dehors
courir çà & là sans cause. C'est à sçauoir, qu'elle est sortie du secret cabinet de l'humble cognoissance de
Dieu, & de soy-mesme. Car commét est-ce (ie vous prie) qu'vne femme accoustrée de telle sorte pourroit
penser à adorer la presence de Dieu?
Commét est-ce qu'elle pourroit s'e-
studier à correspondre à cette lon-
gueur, largeur, hauteur & profon-
deur de la charité que nostre Seignr
nous a tesmoigné par sa passion; à
quoy neantmoins sainct Paul nous
exhorte, quand il nous inuite à bien
comprendre auec tous les Saincts la
grandeur de cette charité? Comment
est-ce qu'elle seroit perpetuellement
occupée à remercier Dieu de tous ses
benefices temporels & spirituels, les-
quels sont infinis ? Comment est-ce

Ephes.4.

encor qu'elle pourroit eftre occupée
à déplorer perpetuellement fes pechez paffez, & à en faire continuelle
penitence? Comment eft-ce qu'elle
f'eftudieroit perpetuellemét à offrir
à Dieu fon corps, fon ame, & tout ce
qu'elle a, foit interieur, foit exterieur,
veu que toute fa penfée eft ordinairement occupée à fon fein, à fon vifage, à fa coiffure, à fes habits, à ceux
qui la regardét, & à vne infinité d'autres niaiferies, folies & fottifes? *De*
forte que fon efprit ainfi occupé eft
femblable à vn oignó qui n'eft quafi
compofé que de pelures inutiles; ou
à vne chambre pleine de toiles d'arai-
gnées qui ne feruent à rien. En quoy
elle eft vrayement vne apoftat, vne
larronneffe, & vne facrilege. Car elle
dérobe à *Dieu* la penfée par laquelle
elle doit adorer fa fainéte prefence:
la penfée par laquelle elle doit re-

chercher les occasions de correspondre à sa passion douloureuse par la
mortification de tous ses sens & sen-
timés interieurs & exterieurs : la pensée par laquelle elle le doit remercier
de tous ses benefices, la pensée par laquelle elle doit luy demander pardon de tous ses pechez passez : bref
la pensée par laquelle elle doit luy
offrir tout ce qu'elle est & tout ce
qu'elle a.

　　Au reste, ces femmes desbraillées
sont bien esloignées d'imiter saincte
19. Iulij. Macrine, laquelle comme il luy fust
arriué vn mal au tetin qui la mena-
çoit de la gangrene, aima mieux s'exposer au danger manifeste de tel in-
conuenient & de la mort mesmes en
le cachant, que non pas le monstrer
à vn Chirurgié pour en estre pensée:
Ce que *Dieu* luy tesmoigna auoir
agreable, attendu que sa mere lors en

faisant à son instance le signe de la
croix sur son mal, le guerit miracu-
leusement. Or ie veux que cecy soit
plus à admirer qu'à imiter : Si est-ce
que la cause pourquoy cette Saincte
faisoit difficulté de monstrer son mal
à vn Chirurgien ou Medecin, estoit
parce qu'elle estoit tres-estroitement
enfermée interieurement & exte-
rieurement dans le secret cabinet de
l'humble cognoissance de *Dieu* &
de soy-mesme en la maniere susdite.

Elles sont encor bien esloignées
d'imiter cette autre Saincte qui disoit: [Perisse ce corps qui a peu plaire
aux yeux des hommes.] Car au contraire, toute leur estude n'est qu'à s'at-
tifer & parer pour plaire aux yeux
tant des hommes que des autres femmes. En quoy elles quittent (aueuglées qu'elles sont) le Createur pour
la creature, le bien infini pour le bien

fini, & la verité pour le menſonge.

Finalement, ie vous laiſſe à penſer ſi le diable (qui a accouſtumé de peſcher en eau trouble) parmy tout ce tracas ſ'oublie à bien ioüer ſon roolle & ſon perſonnage. Il eſt à croire que tout ainſi que l'oiſeleur, quand il voit la terre couuerte de neiges, en ſorte que les oiſeaux & autres animaux ne peuuent rien trouuer à manger, lors principalement tend ſon rets & ſes appas pour les attraper : De meſme, quand le diable voit vne perſonne addonnée à la vanité, en ſorte qu'elle ne ſe peut repaiſtre des choſes ſpirituelles : c'eſt lors principalemét qu'il tend ſes pieges pour la ſurprendre, & la faire tomber à la trauerſe en quelque ſorte de peché mortel. Mais particulierement quand il voit vne femme ſe plaire à ſe monſtrer deſbraillée pour donner de l'amour ; c'eſt lors qu'il attife & renouuelle en elle les feux amortis de la fenfualité : veu principalement que(felon le B. Fran-çois de Sales) il eft impoffible de dó-ner volontairement de l'amour fans en receuoir, & de vouloir tenter au-truy fans fe fentir quant & quant foy mefme tenté. En quoy nous fommes faits femblables à l'herbe nommée Aproxis:Car tout ainfi que cette her-be(felon qu'enfeigne ce mefme grád personnage) au feul afpect du feu f'enflamme : de mefme nos cœurs voyans le feu de concupifcence brû-ler en autruy,auffi toft le conçoiuent en eux-mefmes.

Introd.
part. 3.
chap. 18

Ibidem.

CHAPITRE V.

Que la nudité du fein feminin eſt ex-preſſèment blaſmée par l'Eſ-criture ſaincte.

CEcy fe manifeste en plufieurs endroits. Premieremét, le Pro-

phete Ieremie parlant auec mespris
de quelques femmes de mauuais re-
nom, dit: [Elles ont monstré leur
mammelle nuë.] Et Isaïe: [Elles ont
marché monstrãs vn grãd col nud.]
Et Ezechiel parlant à vne certaine
autre de pareille farine:[Tes mãmel-
les auoient grossi,& estoient nuës;&
pour ce tu estois pleine de confusiõ.]
Et ailleurs il nomme les mammelles
des femmes, *vn lict*;cõme(par exemple)où il dit: [Les enfans de Babylo-
ne sont venus vers elle au lict des mã-
melles.] C'est à sçauoir,par ce que les
mondains ont de coustume de reposer leurs regards lascifs sur ces mammelles comme sur vn lict.

Pareillement le Prophete Ozée dit:
[Qu'elle oste ses adulteres du milieu
de ses mammelles.] Et Salomon: [Il
estoit vne féme accoustrée en cour-
tisane(c'est à sçauoir,principalemẽt

Thren.4

Isai.3.

Ezec.16.

Ezec.23.

Ozee 2.

Prou.7.

en tant qu'elle monſtroit ſon ſein
nud,) preparée pour ſurprendre les
ames.] Où il rapporte que voulant
ſeduire vn ieune homme, elle luy dit:
[Venez, enyurós-nous de nos mam- *Ibidem.*
melles.] C'eſt à dire, prenons y toutes ſortes d'eſbats, de contentemens,
& de paſſe-temps.

Au reſte, tant ſ'en faut que l'Eſcriture ſainċte permette la nudité du
ſein feminin ; qu'au contraire ſainċt
Paul commande expreſſément à la
femme d'auoir en l'Egliſe [vn voile *1.Cor.11.*
ſur la teſte à cauſe des Anges :] c'eſt à
dire, des Preſtres. Et derechef il dit
ainſi : [Ie veux que les femmes ſoient *2.Tim.2.*
en habit decent, ſe parans auec ver-
gongne & ſobrieté, ſans ſe friſer les
cheueux, ſans or, ſans pierreries, &
ſans aucun habillement trop ſomptueux; mais ſelon qu'il eſt conuena-
ble aux femmes demonſtrans la pie-

té par leurs bonnes œuures.] Pareil-
lemét fainct Pierre defend aux .mef-
mes femmes [d'auoir vne cheuelure
de dehors,] c'eſt à dire, empruntée (à
ſçauoir, outre la couſtume des hon-
neſtes & vertueuſes *Dames*.) Et le
ſuſdit ſainct Paul dit encor: [Abſte-
nez vous de tout ce qui a apparence
de mal.] Or maintenant, ſi dauanture nous deuons meſmes nous abſtenir de tout ce qui a apparéce de mal:
combien à plus forte raiſon ſe doiuent abſtenir les femmes de monſtrer leur ſein nud ; veu que telle de-
monſtration non ſeulement a apparence de mal , mais meſmes eſt vn
vray mal & peché, comme ie l'ay
deſia demonſtré par l'Eſcriture ſaincte, & le prouueray encor par aprés
plus amplement.

Finalement, ſainct Cyprian parle
ainſi à la femme deſbraillée : [Tu ne

te peux excuſer, comme ſi tu eſtois chaſte & pudique d'eſprit: Ton accouſtrement meſchant & impudique te dément. Car (comme dit le Sage) l'habillement du corps,& le ris *Eccli.19.* des dents,& l'allure de l'homme mõſtre quel il eſt. Ou il faut parler (adiouſte ſainct Hieroſme) cõme nous *Epiſt.ad Furiam.* ſommes veſtus, ou ſe veſtir comme nous parlons : Pourquoy voulons nous monſtrer d'vn, & faire entendre d'autre ? la langue diſcoure de la chaſteté, & cependant tout le corps ne demonſtre qu'impudicité.] Et ſaincte Agathe parlant auſſi des meſ- *3.Febr.* mes femmes deſbraillées & ſcandaleuſes, dit [qu'elles font plus de tort en vne ville, que ſi on y mettoit le feu aux quatre coins, ou empoiſonnoit les fontaines publiques dõt tout le monde boit.] Et certes, d'où penſons nous que ſont cauſées toutes ces

guerres, peftes, & famines qu'on voit
fouuent en France, finon des pechez
qui y regnent, lefquels ordinairemét
prennét leur naiffance de cette mau-
dite nudité du fein feminin ?

CHAPITRE VI.

De deux certains grãds maux, au dan-
ger defquels s'expofent ceux & cel-
les qui donnent à autruy occafion de
pecher, comme font particulierement
les femmes desbraillées.

IL y a deux certains grands maux,
au dãger defquels s'expofent ceux
& celles qui donnent à autruy occafion de pecher. C'eft premierement,
que fi dauanture il arriuoit qu'ils fuf-
fent damnez, leurs peines dans les en-
fers augmenteroient tous les iours à
proportió qu'il y auroit d'autres perfonnes au monde, qui pour le fimple

ressouuenir du mauuais exéple qu'elles auroient receu d'eux tomberoient
en quelque sorte de peché mortel ou
veniel. Comme(par exemple) parce
que Caluin a escrit des liures contre
la Religion Catholique, maintenant
qu'il est en enfer, ses tourmens s'aug-
mentent & croissent tous les iours à
proportion qu'il y a des personnes au
monde, qui en lisant ses venimeux
escrits se peruertissent. Et cecy nous
est signifié dans l'Escriture, où il est
dit que le mauuais riche estant en enfer demandoit à Dieu, qu'il luy pleust
enuoyer quelque grand Prophete à
ses freres qui estoient au monde, afin
de les instruire, & par-ainsi empes-
cher qu'ils n'arriuassent au mesme
lieu des tourmés auec luy. Car ce qui
excitoit ce mauuais riche à faire telle
demande à Dieu, n'estoit pas la charité qu'il portast à ses freres, veu que

les damnez n'ont aucune charité, se-
Pſal.73. lon qu'il eſt dit : [La ſuperbe de ceux
qui vous haïſſent monte touſiours.]
C'eſt à dire, va touſiours en croiſſant
& en augmentant. Mais ſeulement
c'eſtoit, parce qu'il ſçauoit bien qu'à
proportion que ſes freres pecheroiét
à cauſe du mauuais exéple qu'il leur
auoit laiſſé, ſes peines & tourmens
ſ'augmenteroient & croiſtroient en
enfer d'autant plus.

  Il y a encor vne autre reuelation
Lib.6. de cecy dans ſaincte Brigide. Car elle
c.52. rapporte qu'vne certaine femme dá-
née pour auoir enſeigné à practiquer
à ſa fille ce contre quoy maintenant
i'eſcris, c'eſt à ſçauoir, à ſ'habiller diſ-
ſolument & mondainement: ſ'appa-
rut à elle comme ſortant d'vn lac te-
nebreux, ayant le cœur arraché du
ventre, les lévres entierement cou-
pées, le nez tout rongé, les yeux arra-

chez de la teste & pendans fur les
iouës, la poictrine couuerte de gros
vers, & auec des cris & lamentations
efpouuentables fe plaignát de fa fille, & comme fi elle euft parlé à elle,
difant:[Entens ma fille & venimeufe
lezarde ! malheur fur moy de ce que
i'ay efté ta mere. Car toutes & quan-
tes fois que tu imites & enfuis les œuures de mes mefchantes couftumes
(c'eft à dire, que tu pratiques les vanitez & pechez que ie t'ay enfeignez,)
autant de fois ma peine eft renouuel-
lée, & mes feux me bruflét auec plus
d'ardeur.

La feconde chofe que doiuent
craindre ceux & celles qui donnent à
autruy occafion de pecher, font les
maledictions que fulminét quelquefois à l'encontre d'eux les perfonnes
qui à leur occafion font tombées en
quelque peché mortel. Parce que

Dieu quelquefois en vertu de telles
maledictiõs permet que ceux & celles mesmes qui ont donné telle occasion de pecher, tombent de nouueau en quelque sorte de peché mortel, & meurent en cét estat malheu-
reux. Car il est dit dans l'Escriture:
Eccl. 4. [La priere de celuy qui te maudira en
l'amertume de son ame sera exau-
cée.] Et pour mieux confirmer &
donner à entendre dauantage cecy,
l'Ecclesiastique non seulement en
suitte repete derechef les mesmes pa-
Ibidem. roles, disant: [Et celuy qui l'a fait
(c'est à dire Dieu,) l'exaucera.] Mais
encor ailleurs il dit aussi ouuertemét:
Eccl. 34. [Dieu exaucera la voix de celuy qui
donne maledictiõ.]Et de faict,com-
bien a-t'on veu d'histoires mesmes
des petits enfans qui n'ayans pas en-
core l'vsage de raison, & par conse-
quent estans incapables de pecher,
pour

pour auoir esté maudits de leur pere
ou de leur mere ont soudainement
ressenti les effects de telle malediction? C'est à sçauoir, en tant que sur
le champ ils ont esté possedez du
malin esprit, ou surpris de quelque
estrange & horrible maladie , ainsi
que rapportent Surius 25. *M aij in vi-*
ta S. Zenobij, & a. August. lib 22. *de*
Ciuit. Dei, cap. 8. *sub finem.* Voyent
donc maintenant en quels dangers
se jettent ces femmes impudentes,
qui par leur accoustremét lascif che-
minans par les ruës & és places publiques seruent de pierre d'achoppe-
ment à plusieurs : Qu'elles craignent
que le diable en vertu des impreca-
tions contre elles fulminées par les
personnes qui à leur occasion sont
tombées en quelque peché mortel,
& aussi par d'autres qui ont tel spe-
ctacle en horreur, n'entre sinon en

leur fein & en leur corps , pour le
moins en leur ame : finon par foy-
mefme & en propre perfonne, pour
le moins par fa femence, qui eft le
peché mortel. Ce qui eft beaucoup
plus à craindre , veu que plufieurs
faincts perfonnages ont autrefois de-
mandé à Dieu à eftre pluftoft poffe-
dez du diable, afin de ne point mefmes tomber en certain peché veniel
dont ils eftoient tentez : ce que Dieu
accorda à quelques vns d'iceux, comme rapporte Seuere Sulpice *in vita S.*
Martini. Et la raifon eft, parce que le
peché mortel nous rend ennemis de
Dieu, indignes de la beatitude celefte,
& coulpables de la damnation eternelle : ce que ne fait pas le diable en
vn poffedé qui eft fans peché mortel. Voire mefmes, qu'elles craignent
auffi que le diable n'entre par foy-
mefme & en propre perfonne en

leur fein & en leur corps, ou que la
terre ne f'ouure fouz elles & les en-
gloutiffe, ou que le foudre ne les ef-
craze en vn inftant, ou que quelque
autre grand malheur exterieur & ap-
parant ne leur aduienne. Par ce que
(côme dit fort bien l'angelique Do-
cteur fainct Thomas ([il eft neceffaire pour l'equité de la iuftice, que ceux
qui ont efté fcandalifez par la coulpe
(exterieure, notoire, & publique)
d'autruy, foient edifiez par la puni-
tion(exterieure, notoire,& publique)
de celuy-là mefme.] Comme il appert de Dauid; lequel pour auoir dô-
né occafió à fes ennemis de blafphemer, a efté puny de *Dieu* exemplai-
rement en la mort vifible de fon fils
qu'il aimoit tendrement.

1.2.q.87.
art.6.ad
3.

2.Reg.
12.

D ij

CHAPITRE VII.

Sçauoir, si les femmes pechent mortelle-
ment pour se monstrer desbraillées?

IVsques icy i'ay monstré par diuers
biais & moyens comme c'est grã-
dement mal-fait aux femmes de se
monstrer desbraillées (ce qui devroit
suffire pour les faire reformer ; veu
principalemét qu'vne ame vertueuse
& deuote doit pluftost aimer mourir, que de commettre d'vn propos
deliberé la moindre imperfection
ou peché veniel.) Maintenãt il nous
faut resoudre si ce leur est vn peché
mortel, ou non ; veu principalement
que plusieurs d'entr'elles se gabbans
des pechez veniels, & n'apprehendãs
pas trop aussi les mortels, ne font
pas pour songer à se changer ny reformer, si on ne leur donne claire-

ment à cognoiſtre comme ce leur eſt
vn peché mortel. Or afin de proce-
der plus clairement en cecy , j'vſeray
de la diſtinction ſuiuante.

Ie dis donc en premier lieu, qu'vne
femme ne monſtrant ſon ſein qu'vn
peu deſcouuert, abſolument parlant
ne peche que veniellement. La raiſon de cecy eſt celle qui eſt contraire
à celle de la ſeconde partie qui ſuit de
la preſente diſtinction.

En ſecond lieu ie dis , qu'vne femme monſtrant ſon ſein beaucoup &
notablemét deſcouuert deuant pluſieurs hómes , comme (par exemple)
en cheminant par les rües , ou dans
les Egliſes , ou en quelque autre lieu
que ce ſoit, abſolumét parlant peche
mortellement. La raiſon de cecy eſt,
parce qu'vne gráde partie d'iceux a de
couſtume de prendre de là occaſion
de tomber toſt ou tard en quelque

forte de peché mortel par pure fragilité, & comme à regret. Les hiftoires
facrées & profanes, comme auffi l'ex-
perience iournaliere tefmoignét cecy. De plus ainfi l'enfeignent Sylue-
ftre au mot, *Ornatus*, nomb. 4. An-
gelus auffi au mot, *Ornatus*, nomb.3.
Fumus encor au mot, *Ornatus*, nób.1.
Fernandes de Moure en la 4. part. de
fon Examé de la Theologie morale,
ch.8.§.3 interrogat.3.& 5. Emmanuel
Sà au mot, *Ornatus*, nomb.1. Iacques
Pichonneau nomb.231. Iean Polman
en fon liure intitulé, *Le Chancre*, art.
7. & nouuellement Mᵉ André Du-
Val, l'vn des principaux pilliers de
Sorbonne à prefent, *tom. 2. tract. de
Charit. qu.19. art.5. concl.3.* & plufieurs
autres. Au refte, fi quelqu'vn defire
fçauoir quelques hiftoires d'aucunes
femmes damnées, & tourmentées en
enfer particulierement au fein & és

mammelles pour auoir autrefois pris
plaifir à les monftrer nuës & defcou-
uertes : Comme auffi d'aucuns Con-
feffeurs damnez pour auoir fouffert
en leurs penitentes vn tel abus ; qu'il
life Guillaume Pepin *lib.* 1. *de confeff.*
c. 13. & la Chronique des Freres Mi-
neurs, *p.* 2. *l.* 5. *c.* 38.

Si nous voulons confulter les fen-
tences des fainéts Peres, nous trouue-
rons qu'elles fourmillent fur ce fujet.
Car f'ils condamnent vne femme de
peché mortel pour eftre veftuë beaucoup fuperbement, & pour auoir fon
vifage notablement fardé : combien
à plus forte raifon la condamneront-
ils encor de peché mortel, pour faire
môftre & parade de fon fein & mammelles beaucoup & notablemét def-
couuertes : veu qu'il femble hors de
doute, que paroiffant en cét eftat elle
caufe pluftoft le fcandale *des petits,*

que non pas pour estre vestuë beaucoup superbement, & pour auoir son
visage notablement fardé ? Or que
les saincts Peres condamnent vne
femme de peché mortel pour estre
vestuë beaucoup superbement, &
pour auoir son visage notablement
fardé, il est facile de le monstrer. Car
en premier lieu,

Lib. de disciplina & habitu Virginum. Sainct Cyprian dit ainsi : [Si tu te coiffes trop somptueusement, en telle sorte que tu attires les yeux de la
ieunesse vers toy, & sois cause de sa
perte en te presentát ainsi à elle comme vn glaiue ou poison, tu es inex-
cusable deuant Dieu, encor mesmes
que tu n'ayes aucune mauuaise intention.]

Lib. de habitu Virginū. Et derechef parlant à celle qui se
farde le visage pour paroistre plus
belle : [Tu ne pourras voir Dieu, veu
que tu n'as pas les yeux selon qu'il te

les a faits, mais foüillez & gaſtez par l'artifice du diable : Portant ainſi la teinture & livrée de ton ennemy , tu brûleras auec luy.]

Et ailleurs:[Les femmes pour eſtre par trop ornées d'or & de pierreries, perdent ſouuent les ornemés de leur cœur.] c'eſt à dire , la grace & la charité,auec les autres dons & vertus ſurnaturelles. *Ibidem.*

Sainct Baſile:[Pren garde à ne pas donner(à ſçauoir,par ton habillemét & ornement trop ſomptueux) matiere de pecher aux autres, de peur que par aprés tu ne ſois puni doublement : c'eſt à ſçauoir,& pour tes propres pechez, & pour ceux d'autruy dont tu auras eſté cauſe.] *Homil. in diuites auares.*

Sainct Hieroſme : [Si vne femme ſe pare en telle ſorte qu'elle prouoque les regards des hommes vers ſoy; encor que pas vn d'eux ne peche, *In cap. 3. Iſaia.*

neantmoins elle fera cõdamnée eter-
nellement : par ce qu’elle a apprefté
le venin qui euft donné la mort, ſ’il
ſe fuft trouué quelqu’vn qui en euft
beu.]

Ad Mau-
ritij filiã.   Et derechef : [C’eſt vn grand peché aprés auoir eſté ſanctifié par le
ſainct Chreſme, de ſe ſoüiller la face
&cheueux du ſuc ou poudre de quelque fard que ce ſoit.]

In apol.
ad Guil-
lelmum
Abbatē.   Sainct Bernard:[Tãt plus le corps
par dehors eſt embelli & paré par
vaine gloire, d’autant plus l’ame au
dedans eſt enlaidie & ſoüillée.]

Homil.
17.in c.
15. Gen.   Sainct Iean Chryſoſtome :[Il eſt
impoſſible que celuy qui eſt occupé
à tant cultiuer & orner ſon corps,
faſſe le ſalut de ſon ame : Par ce que
tant plus nous nous eſioüiſſons à l’orner & embellir, d’autant plus nous
nous eſloignons de l’amour diuin.]

Et derechef parlant contre le fard

& l'habillement trop fomptueux qui *Homil.*
fe pratique ordinairemer t le iour des 12. *in* 1.
nopces:[Ne m'allegue. point la cou- *ad Co-*
ftume pour excufe ; car fi cela eft *rinth.*
mauuais, il ne le f. it pas mefmes faire vne feule fo .. Partant il faut orner
l'Efpoufe de tell. forte, que f'il y a du
mal à l'orner de la façon qu'on l'or-
ne, il ne la faille pas mefmes orner
vne feule fois de telle façon. Quoy
donc ? me direz vous, vous blafmez
les nopces. A Dieu ne plaife, ie ne
fuis pas fi fol; ains feulement ie blaf-
me les infolences & vilenies qui ont
accouftumé de les accompagner:
c'eft à fçauoir, le fard du vifage, & vn
fi grand foin d'eftre brave. Car cela
eft caufe qu'en ce iour là, l'Efpoufe fi
bien ornée eft ordinairement violée
& foüillée par la penfée & defir impudique & charnel de plufieurs, auparauant que d'auoir la cognoiffan-

ce legitime de ſon Eſpoux dans vn lict honorable & ſans tache.]

In cap. 5.
1. ad Ti-
moth. 3.
cap.

 Sainct Ambroiſe : [Tant plus la féme ſ'eſtudie de ſe parer pour plaire aux hommes, d'autant plus elle eſt faite meſpriſable à Dieu.] A quoy il

Ibid.

adjouſte : [Qui eſt l'homme prudent, qui n'ait en horreur la femme ornée ſuperbement ?]

Lib. 3. de
Virgin.

 Et ailleurs parlant contre les femmes deſbraillées : [Y a-t'il rien qui excite plus promptement le deſir de paillardiſe, que de monſtrer à nud les parties ou membres que la nature ou la diſcipline a de couſtume de voiler & cacher ?]

De bono
coniug.
cap. 7.

 Sainct Auguſtin parlant aux mariez : [Ils doiuent craindre qu'en ſe demandant l'vn à l'autre ce par quoy ils pretendent receuoir plus d'honneur, ils ne ſoient cauſe de la damnation l'vn de l'autre.]

Conformément à cela sainct Gre-
goire : [Il les faut admonnester, que
comme ils taschent de se rendre reci-
proquement l'honneur, l'amitié, &
seruice qu'ils s'entre-doiuent,chacun
d'eux s'efforce tellement de plaire à
l'autre, qu'il ne desplaise à *Dieu*.]

Lib. de cura pastorum.

Il est rapporté de sainct Nonnus
Euesque, que comme il veit en An-
tioche vne grande Dame nommée
Pelage tres-superbement vestuë en-
trer dans l'Eglise,il se prit à pleurer;&
que comme on luy demanda la rai-
son pourquoy il pleuroit, il respon-
dit que c'estoit pour deux causes:c'est
à sçauoir, premierement par ce qu'il
iugeoit bien que cette Dame se dam-
noit à cause du scandale *des petits*
qu'elle causoit par son accoustremét
trop superbe & somptueux. Secon-
dement,par ce qu'il voyoit bien qu'il
ne prenoit pas tant de peine pour

Nicepho. lib. 14. cap. 30.

plaire à Dieu, comme cette *Dame* en
prenoit pour plaire aux hommes. Et
c'eſt à propos de cecy que *Thomas
Morus Anglois*, l'vn des plus ſçauans
& vertueux perſonnages de ſon téps,
diſoit que pluſieurs en ce monde a-
chetoient l'enfer auec tant de trauail,
qu'auec la moitié d'autant ils pourroient acheter le *Paradis*.

   Iuſques icy ſont les ſentences des
ſainĉts Peres, par leſquelles il eſt facile de voir comme ils condamnent
vne femme de peché mortel pour
eſtre veſtuë beaucoup ſuperbement,
& pour auoir ſon viſage notablemét
fardé , & par conſequent auſſi & à
plus forte raiſon, pour faire monſtre
& parade de ſon ſein & mammelles
beaucoup & notablement deſcou-
uertes.

   S'il eſt loiſible d'alleguer les ſentences des Autheurs profanes parmy

les facrées, pour monftrer comme le
feul afpect de la féme parée & à fein
nud, eft fuffifant pour exciter la fenfualité en celui qui la regarde; en voi-
cy de quelques Poëtes anciés Latins.

Virgile : [La femme par fon afpect Georgic.
brûle ; & à mefure qu'on la regarde, 3.
elle conçoit petit à petit des forces
pour brûler dauantage.]

Carpit enim vires paulatim, vritque
videndo
Fœmina.

Le mefme : [Auffi toft que ie l'ay Eglog. 8.
veuë, i'ay efté pris, & ay peri; ainfi m'a
tranfporté mon vieil erreur.]

Vt vidi, vt perij : fic me vetus abftulit
error.

A quoy adioufte Ouide : [C'a efté Epift. 12.
là la premiere ruine de mon ame.]

Illa fuit mentis prima ruina meæ.

S. Orientius : [L'abbord caufe la In com-
veuë, & la veuë auffi toft excite des monitor.

flammes, puis ces flammes produiſent ce que ie n'oſe dire.]

Congreſſus præſtat viſum, mox lumina viſu

Cõcipiũt flãmas, parturiúntq; nefas.

Vrayement l'on peut dire des meſmes ſeins nuds des femmes, qu'ils ſont (comme parle Iuuenal ([l'agacement de Venus languiſſante, & comme des poignantes orties.]

Irritamentum Veneris languentis, & acres

Vrtica.

Et certes, n'eſt-ce pas pour cette raiſon que l'Eſcriture ſaincte auec tát de ſoin nous dit: [Deſtourne tes yeux de la féme parée, & ne regarde point tát ſa beauté; car par ſon moyé pluſieurs ont peri, & la concupiſcence ſ'enflamme comme vn feu?] Et que Iob diſoit: [I'ay fait accord auec mes yeux, à ce que iamais ie ne regarde ny penſe

penſe à aucune fille ou femme ?] Et
Salomon ; [Il eſtoit vne femme en *Prou.7.*
habit de paillarde , dreſſant par ce
moyen des pieges aux ames ?] Voire *Iſai.3.*
meſmes n'eſt-il pas dit en Iſaïe, qu'v-
ne des cauſes pourquoy Dieu a ruiné
la ville de Ieruſalem, eſtoit par ce que
les femmes & filles en icelle auoient
de couſtume de marcher [auec des
habits trop pompeux, & monſtrans
leur gorge & ſein nud ?] D'où vient
qu'en ſuitte il eſt adiouſté , que pour
cela [le Seigneur en ce iour là (c'eſt à *Ibidem.*
dire, au iour du iugement dernier)
leur déchevelera la teſte, & deſcou-
urira leurs perruques, & leur oſtera
les ornemés de leurs ſouliers, & leurs
petits crochets , & leurs colliers, &
leurs affiquets, & leurs braſſelets, &
leurs coiffes, & les rubans lians leurs
cheueux, & leurs tabliers , & leurs
chaiſnes d'or , & leurs pommes de
E

fenteurs, & les bagues penduës à leurs
oreilles, & leurs anneaux, & les car-
quans pendans fur leur front, & les
veftemens qu'elles ont de couftume
de changer, & leurs petits manteaux,
& leurs linceuls, & leurs aiguilles, &
leurs miroirs, & leurs chemifes de lin,
& leurs templieres, & leurs couvre-
chefs : & qu'au lieu de foüefve odeur,
il leur fera donné vne puanteur; & au
lieu de ceinture, vn petit cordeau ; &
pour la chevelure qu'elles aurót por-
té crefpelée & frifée, la tefte leur fera
pelée ; & pour leur corfet mignon, la
haire leur fera donnée.]

TOVTEFOIS il eft à remarquer, que
quelquefois vne femme ne monftrát
fon fein qu'vn peu defcouuert pe-
chera mortellement : Et vne autre
femme au contraire monftrant fon
fein beaucoup defcouuert, ne peche-
ra pas mortellement. C'eft à fçauoir,

si celle qui ne mõstre son sein qu'vn
peu descouuert, le monstre deuant
quelqu'vn qu'elle croit qu'en le voiát
il tombera en quelque sorte de peché
mortel, lequel autrement & sans cette occasion il n'auroit pas determiné
de commettre. Ce qu'elle pourra recognoistre, par ce que peut estre luy
mesme luy aura desia dit autrefois
que lors qu'il la voit de telle sorte,
pour le plus souuent & ordinairemét
il se laisse emporter à quelque peché
mortel : Ou bien encor, parce qu'elle
l'aura apprise de quelqu'autre à qui
celuy-cy l'aura declaré. Et au contraire, si celle qui monstre son sein
beaucoup descouuert, le monstre deuant quelqu'vn qu'elle croit qu'en le
voyát il ne sera pas beaucoup émeu,
& ne tombera point pour cela en aucun peché mortel. Ce qu'elle pourra
recognoistre, ou parce que luy mes-

E ij

me peut eſtre luy aura ſemblablemēt
declaré, ou parce qu'elle l'aura appri-
ſe de quelqu'autre, à qui celuy cy l'aura declaré. C'eſt à ſçauoir, ou parce
qu'il aura eſté eſlevé & nourry touſiours auec elle en la voyant ainſi deſ-
couuerte : ou parce que de longue
main, & depuis vn grand temps il ſe
ſera accouſtumé à la voir touſiours
ainſi : ou parce qu'il ſera d'vn tempe-
rament grandement froid, ou pour
quelque autre ſemblable cauſe.

Si quelqu'vne me demande: Quoy
donc ? eſt-il poſſible qu'on ne puiſſe
iamais en façon quelconque monſtrer ſon ſein nud ſans pecher ? &
quand eſt-ce qu'on commence à pecher mortellement en le monſtrant?

A cela ie reſpons en premier lieu,
que ſi peu qu'on le mõſtre il y a touſiours pour le moins peché veniel : ſi
ce n'eſt que quelque circonſtance ex-

traordinaire modifie la chofe : veu
que les chofes morales dependent
principalement des circonftances;ce
qui ne fe peut rencótrer neantmoins
que fort rarement.Et la raifon de cecy eft, parce que lors en donnant à
autruy & à foy-mefme vne occafion
efloignée de pecher mortellement,
on luy donne & à foy-mefme vne
occafió prochaine de pecher veniellement : c'eft à fçauoir, en tant qu'on
luy donne & à foy mefme vn fujet
pour exciter quelque penfée pour le
moins vaine & oifive.

En fecond lieu ie refpons,qu'on ne
peut determinément affigner combien il eft requis que le fein foit defcouuert pour commencer à pecher
mortellement : Ne plus ne moins
qu'on ne peut determinément affigner quelle quantité d'argét il eft requis de defrober pour commencer à

pecher mortellement en defrobant.
C'eft pourquoy, tout ainfi que quelquefois ce qu'on fe perfuadera abfo-
lument parlant n'eftre que peché veniel à defrober, deuant Dieu fera iugé eftre peché mortel: Et au contraire, ce qu'on fe perfuadera abfolumét
parlant eftre peché mortel à defrober, quelquefois deuant Dieu fera
feulement iugé eftre peché veniel.
De mefme quelquefois, quand vne
femme fe perfuadera abfolumét parlant n'y auoir que peché veniel à
monftrer fon fein d'vne certaine façon defcouvert, Dieu iugera y auoir
peché mortel. Et au contraire, quand
elle fe perfuadera abfolumét parlant
y auoir peché mortel, quelquefois
Dieu iugera feulement y auoir peché
veniel.

En vn mot, les femmes defbrail-
lées doiuent pour ce craindre d'eftre

du nombre de celles qui ont en foy quelques pechez mortels à elles cachez & incognus, pour lefquels neātmoins elles feront indubitablement damnées, fi elles meurét en cét eftat, & n'en font auparauant penitence, à l'imitation de Dauid, difant : [Nettoyez moy, Seigneur, de mes pechez incognus, & pardonnez à voftre feruiteur les pechez d'autruy:] c'eft à dire, dont par fon mauuais exemple il pouuoit auoir efté caufe. *Pfal. 50.*

Dauātage, ce qui fe dit icy du fein, fe doit auffi entendre de quelque autre partie du corps que ce foit, comme encor des paroles & actions par lefquelles on peut donner occafion de pecher à autruy, foit homme, foit femme.

CHAPITRE VIII.

De quelques abus ou impudences par-
ticulieres de plusieurs femmes
desbraillées.

IL y en a plusieurs; mais ie me con-
tenteray d'alleguer ceux qui me
viendront presentemét en memoire.

Le premier est, qu'elles osent bien
souuent se presenter à la saincte con-
fession & communion en cét estat.
Certes, les Prestres qui leur donnent
lors la saincte absolution & communion, se monstrent (s'il faut ainsi dire) grandement niais, papelards, &
flateurs, participans à leur peché. S.
i.*Tim.*5. Paul ne dit-il pas: [Gardez vous bien
d'imposer trop tost les mains sur aucun (c'est à dire, de luy administrer
quelque sacrement,) de peur que ne
participiez à son peché?] Ils devroiét

les renvoyer en leur faisant vne con-
fusion notable , & leur refusant ce
qu'elles demandent. Mais quoy? le
desir du gain trop souuent les aueugle. Les Religieux mesmes (qui se
trompetent ordinairement plus re-
formez & plus mortifiez que les Prestres des Parroisses) ayans esgard tant
au lucre qu'à l'honneur & credit , en
cela bien souuent ne sont pas moins
coulpables. Ils ne ressemblent pas à
sainct Antonin Archeuesque de Flo- *In vita*
rence, dont il est rapporté qu'il chas- *eius a-*
pud Sur.
soit de toutes les Eglises de son Dio- *tom. 3.*
cese les femmes qu'il rencontroit débraillées , disant qu'elles estoient [les
instrumens des demons pour perdre
les ames.]

Le second abus est, qu'elles portent
ordinairement vne croix , ou l'image
du sainct Esprit penduë à leur col. Ie
leur demanderois volontiers, à quel

propos? Car en premier lieu, que re-
preſente la croix, ſinon la mortification? Et cependant monſtrans leur
ſein nud, elles monſtrent quant &
quant de deux choſes l'vne: ou qu'elles renonçét tout à plat de practiquer
la mortification en aucune partie ou
puiſsáce de leur corps & de leur ame
2. Cor. 4. (contre ce qu'a dit S. Paul : [Portez
touſiours en vos corps & en tout lieu
la mortificatió de Ieſus Chriſt.]) Ou
bien, ſi elles la veulent en quelque façon practiquer, que pour le moins
elles veulét que leur ſein ſoit excepté
& exempt de la practiquer, auquel
elles veulent donner toute ſorte de
contentement, de delectation, & de
ſatisfaction : comme ſi elles eſtoient
capables de ſouffrir pour Dieu beaucoup plus qu'il ne merite.

En ſecond lieu, quant à l'image du
ſainct Eſprit qu'elles portent penduë

à leur col, que veut-elle ſignifier, ſinõ
qu'elles tiennent tacitement en elles
meſmes cé langage: [Ie ſçay bien que
le ſainɛ̃t Eſprit m'inſpire de cacher
mon ſein; mais pourtát ie ne me ſou-
cie pas beaucoup de ſes ſainɛ̃tes inſpirations : C'eſt pourquoy mal-gré
luy ie le veux monſtrer nud impudé-
ment.] En quoy elles feroient beaucoup mieux (ce me ſemble) de porter
à leur col l'image d'vn crapaut ou
d'vn corbeau : attendu que ces animaux ſe plaiſent parmy les ordures;
& leur ame (qui eſt lois en eſtat dø
peché mortel) eſt reputée deuát Dieu
comme de la fiente & de l'ordure, ſe-
lon qu'il eſt dit : [Elles ont croupi en *Ioël. 1.*
leur ordure comme des vaches.] Et
derechef: [La femme impudique (tel- *Eccli. 9.*
les que ſont toutes celles qui ſont débraillées, veu qu'il n'y a point du tout
de difference entre leur habillement

& celuy d'vne vilaine)fera foulée aux pieds comme de la fiente en la voye.]

Outre-plus , qui ne voit icy l'infigne impudence& pure malice de ces effrontées cachée fous le manteau fpecieux d'vne deuotion entieremét hypocrite; veu que portás cette croix ou image du fainct Efprit au milieu de leur fein nud , elles f'en feruent comme d'vne amorce ou appas pour attirer cauteleufement les yeux des fimples à le regarder? En quoy elles imitent les forciers & forcieres, qui fe feruent bien fouvent des mefmes chofes fainctes & facrées pour practiquer leurs forcelleries & enchantemens.

Le troifiefme abus eft, que quand il y a quelque Iubilé ou pardon de pleniere indulgéce en quelque Eglife, on les y verra trotter pour le penfer gaigner. Mais elles fe trompét lors grandement: veu que le pardon ne ſe gaigne que pour les pechez commis que l'on deteſte de tout ſon cœur, & auſquels on n'a plus du tout d'affe-ction. Et cependát ces meſmes fem-mes allás à cette Egliſe où eſt le ſuſdit pardon, non ſeulemét ne ſe repentét pas de leur deſbraillement paſſé ; ains au contraire ont la volonté d'y con-tinuer & perſeuerer opiniaſtrémenc.

Le quatrieſme abus eſt, qu'à la Fe-ſte-Dieu voyans qu'on tend les mu-railles des ruës de tapiſſeries, & jóche les pauez de fleurs & d'herbes odori-ferátes pour faire honneur au ſainct Sacrement que l'on porte en proceſ-ſion ; elles ont de couſtume d'aſſiſter à cette meſme proceſſion monſtrans leur ſein nud:comme ſi elles ne pou-uoient lors trouuer aucun ornement poictrinal qui peuſt faire plus d'hó-neur à Ieſus Chriſt preſent,que la nu-

dité de leur fein. O impudence into-
lerable ! ô facrilege deteftable , de fe
vouloir feruir des chofes mefmes qui
font defagreables & en horreur à
Dieu, pour luy plaire & agréer ! Certes il vaudroit beaucoup mieuxqu'elles fe tinffent ce iour là en leur mai-
fon , & n'affiftaffent point du tout à
la proceffió, que d'y aller en tel equi-
page. C'eft bien là le moyen d'impe-
trer de luy fes graces & benedictions:
elles encourent pluftoft fa colere &
maledictió. Eft-ce le moyen (ie vous
prie)d'attirer quelqu'vn chez foy,que
d'y auoir & loger fon ennemy ? [Ne
vous y trompez pas,l'on ne fe moque
point de Dieu impunément :] Il eft
efcrit; [Le S. Efprit fuira la diffimula-
tió, & ne peut faire fa demeure en vn
corps, (poictrine,ou fein) affujetti au
peché,]ainfi qu'il l'eft lors particulierement qu'il eft nud & defcouvert.

Certainement, quand ie voy ces desbraillées frequenter les lieux où le peuple communémét accourt (comme, par exemple, les Samedis l'Eglise de noſtre Dame à Paris, les lieux où l'on dit quelque Meſſe celebre, où l'on preſche, où l'on fait des proceſſions, où il y a des indulgences, les foires, les comedies, les bals, les nopces, les feſtins, &c.) cela me fait reſſouuenir de ſaincte Marie Egyptien- 2. April. ne, laquelle auparauãt ſa converſion (deſbordée qu'elle eſtoit) alloit courre de coſtez & d'autres pour trouuer l'occaſion d'aſſouuir ſes deſirs impudiques. Car en la meſme façon ces endiablées & enragées ont de couſtume d'aller és lieux ſuſdits, expreſſément pour aſſouvir le deſir effrené qu'elles ont de faire monſtre de l'infame nudité de leur ſein. Et ie vous laiſſe à penſer ſi en faiſant cela

elles font exemptes des violents ai-
guillons de la chair, au moindre defquels neantmoins confentans plai-
nement elles pechent mortellemēt,
lequel peché par aprés ne leur eft pas
fi facile à ofter, cõme peut-eftre elles
fe le perfuadent : veu que pour l'ofter
il eft certain qu'il faut vne grace fur-
naturelle, & que cette grace ne fe dõ-
ne que par mifericorde, & que cette
mifericorde ne fe fait (comme parle
Rom.9. fainct Paul) [qu'à qui il plaift à Dieu,
& Exod. & fe refufe à qui il luy plaift.] Car de
33. dire qu'il l'ait promife en façon quelconque à quiconque fe repentiroit
de fes pechez par les forces naturelles
de fon libre arbitre, c'eft à dire, aidées
feulement de fon concours general;
c'eft tomber dans le Pelagianifme ou
Semipelagianifme condamné par les
Conciles d'Avrange, Mileuitain, &
de Trente (de quoy fi quelqu'vn defire

sire estre instruit plus amplement,
qu'il lise la seconde edition de mon
autre liure intitulé, *Le Foudre fou-
droyant, &c.* en la dixiesme exhorta-
tion de la premiere partie. Comme
aussi *Les Esclaircissemens de Meliton,*
composez par le Sieur de *Sainct Aga-
tange*, ou plustost, par Messire *Iean
Pierre Camus* Euesque & Seigneur de
Belley, hôme rare, l'vnique prodige de
nostre siecle, l'ornement des Prelats,
le miroir des sages, homme, dis-ie,
doüé de science eminente & doctrine profonde, au liure 4. principalement depuis le §. 79. iusques au 105.)
Voyent donc maintenant en quels
dangers se jettent ces pauures aueuglées ; qu'elles regardent à se corriger
plus tost que plus tard.

Le cinquiesme abus (& peut-estre
le pire de tous) est, qu'és Parroisses ordinairement (& aussi depuis quelque

téps és Eglifes Monaftiques)l'on voit
des Quefteufes tellement débraillées,
qu'on les prendroit pour des vrayes
Comediennes, des Farceufes, & des
Mafcarades. Eft-ce ainfi que l'on
prophane le fainct Temple de Dieu?
où fommes nous?en quel fiecle fommes nous? veut-on amener le carna-
ual dans les Eglifes ? y veut-on pláter
des idoles ? y veut-on joüer des bals?
de dire que lors que le peuple tafche
és Feftes principales de l'année d'y
faire fon petit deuoir pour fe recueil-
lir & reünir auec Dieu par la recep-
tion des Sacremens de Penitence &
de l'Euchariftie;c'eft pour lors parti-
culieremét qu'on introduira deux ou
trois Baladines, qui toutes defbrail-
lées rodans & penetrás par plufieurs
tours & retours tous les coins & re-
coins de ces Eglifes fouz pretexte de
quefte, vont diffipans & ravageans

comme Harpies infernales par vn
ſcandale mortel le peu de bónes œuures & fruiĉts que peuuent produire
lors ceux qui dans l'eſcriture ſont ap-
pellez *petits.* Certes, il vaudroit mieux Mat.18.
que toutes ces queſtes fuſſent au fód
de la mer, que de les admettre avec
tel & ſi grand abus. Et les Curez, &
Confeſſeurs, & autres pouuans reme-
dier à ce mal, & n'y remedians pas,
en reſpondront au iour du iugement 3. Reg.
[ame pour ame.] 10.

A ce propos, il y a quelque temps
qu'eſtant avec vne certaine perſonne
de marque, mariée, & aſſez verſée en
la philoſophie tant des choſes naturelles que ſurnaturelles, & nõ moins
zelée du zele diuin ; & diſcourant fa-
milierement avec elle de choſes in-
differentes, ie fus tout eſtonné qu'elle
me dit avoir veu en la nef de ſa par-
roiſſe certaines tapiſſeries où eſtoient

dépeints des bergers folastrans lasci-
uemét auec des bergeres, & plusieurs
autres semblables folies. Et en vne
autre Eglise, le tableau d'vne Dame
beaucoup desbraillée au dessus d'vn
certain autel où l'on celebre tous les
iours quantité de Messes; dont elle se
scandalisoit fort. Il vaudroit mieux
(adiousta-t'elle) voir les murailles des
Eglises toutes nuës, que non pas re-
uestuës de telles tapisseries, ou couuertes de tels tableaux. A la parfin
(poursuiuit-elle) on fera des Venus
ou Cupidons au dessus du sainct Ci-
boire mesmes ou Soleil où l'on a de
coustume de reposer la saincte Ho-
stie. Pour moy, ie demeuray lors tout
confus, ne sçachant que respondre,
& haussant les espaules, & luy auoüát
qu'à la verité cela estoit tres-mal.

Le sixiesme abus est, qu'il se voit
des meres qui estans assez modeste-
ment vestuës, permettent que leurs

filles monstrent leur gorge & sein
nud. A telles meres ie n'ay qu'vn mot
à dire tiré de sainct Paul, qui est que
[non seulement ceux qui font mal, Rom.1.
mais encor ceux qui y consentent,
font dignes de mort :] c'est à dire, de
la damnation eternelle.

A ce propos, ie parlerois volõtiers
de ceux qui permettent des comedies
& farces, où les fẽmes mesmes (pour
l'ordinaire desbauchées) par vne ef-
fronterie effrenée monstrans leurs
mammelles entierement nuës sur vn
theatre, prononçans mil paroles impudiques, faisans mil sousris, œilla-
des, & autres gestes ou actions lasci-
ues & deshonnestes, jettent mil traits
lubriques dans les cœurs de ceux qui
font si fols que d'assister à tels specta-
cles infames : n'estoit qu'il n'est que
trop clair, que la sentence de sainct
Paul que ie viens presentement d'al-

leguer , s'addreſſe à eux auſſi bien
qu'aux meres ſuſdites.

Au reſte , ſi quelqu'vn deſire voir
les ſentences des ſainﬅs Peres fulmi-
nans contre tels jeux, paſſe-temps, &
recreations abominables ; qu'il liſe le
tres-excellét ch.11.du 1 liu. du Traiﬅé
de la tribulatió, fait par Ribadeneïra.

Pour le regard de quelques Dames
vaines qui ont de couﬅume depuis
quelque temps d'appliquer ſur leur
viſage des petits morceaux de taffetas
noir (qu'elles appellent mouſches)
pour paroiﬅre plus belles;il me ſemble qu'il n'eﬅ point grandement ne-
ceſſaire de les en reprendre, ains pluﬅoﬅ qu'il ſeroit quaſi plus à propos
de les exhorter à continuer cette pra-
ﬅique, que de les en deﬅourner : Attendu qu'auec telles mouſches(quoy
que contre leur opinion)elles paroiſ-
ſent pluﬅoﬅ laides que belles,& font
pluﬅoﬅ ſouſleuer le cœur à ceux qui

les regardent, qu'elles ne leur excitent l'appetit: veu qu'icelles appliquées en forme d'emplaſtre ſur leur viſage, fõt reſſouuenir de quelque rongne, puſtule, clou, bubõ, ou autre farcin qui pourroit eſtre caché deſſouz. Quand donc ces Pimprenelles ſe glorifient de ces mouſches, c'eſt cõme ſi vn ladre ou vn eſcroüellé ſe glorifioit des emplaſtres qu'il porteroit ſur ſon mal ou eſcroüelles. Tout ce qu'il y a de plus à plaindre en cela, c'eſt la perte de temps qu'elles font, & l'inutilité de leurs penſées s'appliquans à des choſes ſi baſſes, ſi plattes, & ſi indignes d'vn Chreſtien. En quoy elles ſe monſtrent ſemblables à ces petits enfans, qui paſſerõt quelquefois tout vn iour à chaſſer aux mouſches & aux papillõs, & à courir aprés la fleur des chardons que le vent ſouffle en l'air.

Si toutefois quelqu'vne iugeoit qu'auec les mouſches ſuſdites elle té-

toit autant les hommes, comme auec
son fard & ornemés superflus; elle seroit lors autant obligée de s'en abstenir, côme de toutes ces autres choses.

Ie n'aurois iamais fait, si ie voulois
m'amuser à poursuiure toutes les in-
epties & malices des femmes mon-
daines. Il est temps que ie finisse,
aprés auoir auparauant encor remar-
qué ce petit mot, qui est que le com-
ble de leur impudence se manifeste
palpablement en hyuer, lors qu'il
gele (comme l'on dit) à pierre fendre:
Car alors (chose prodigieuse!) on les
verra bien souuent par les ruës autant
desbraillées, comme és plus grandes
chaleurs d'esté: d'où vient que quelquefois elles en contractent de tres-
griefues maladies, & mesmes la mort.
En quoy elles commettent lors dou-
ble peché mortel. L'vn, en tant qu'elles donnent à autruy occasion manifeste de pecher mortellemét. L'autre,

en tãt que par leur propre faute cette
maladie ou mort leur advient.

Corollaire , contre les femmes desbrail-
lèes qui ne ſe voudrõt reformer ayãs
leu tout ce qui a eſté dit cy deſſus.

TElles ſortes de fẽmes ſont ſemblables à ceux qui dans l'Eſcri-
ture diſent à Dieu : [Retirez vous de *Iob.21.*
nous , nous ne voulõs point la ſcien-
ce de vos voyes] Mais on leur peut
reſpõdre ce qu'encor il y eſt dit : [Tu *Ierem.3.*
as le front d'vne impudente, tu ne
ſçais que c'eſt de rougir.]Et derechef:
[Ie ſçauois bien que tu eſtois dure, & *Iſai.48.*
que ton col eſtoit comme vn nerf de
fer, & ton front d'airain.] Item; [Tu *Ezech.2.*
es de dure cervelle, & d'vn cœur in-
corrigible , & vne maiſon rebelle:]
c'eſt à dire, qui ne fait qu'aigrir & co-
lerer Dieu. Ou biẽ ençor: [C'eſt grãd *Act.7.*
cas que vous reſiſtez touſiours au S.
Eſprit:]c'eſt à dire,à ſes ſainctes inſpi-

Ierem.5. rations. Le Prophete Ieremie les def-
crit en cette forte, difant : [Elles ont
endurci leurs faces plus que la pierre,
& n'ont pas voulu retourner.] Le
Zach.7. Prophete Zacharie adioufte : [Elles
n'ont pas voulu entédre, & ont tourné le dos fe retirans, & ont eftouppé
leurs oreilles de peur d'efcouter, &
ont rédu leur cœur cóme vn diamắt,
de peur d'oüir la loy & les paroles
que le Dieu des batailles a envoyé.]

Or ce n'eft pas vn petit peché de
refifter aux infpirations de Dieu.
Voyons vn peu ce qu'en dit l'Efcriture fainĉte. Et premierement Dauid
nous admonefte de n'y pas refifter,
Pfal.94. parlant en cette forte : [Si vous avez
auiourd'huy entendu fa voix (c'eft à
dire, receu l'infpiration de Dieu,)gar-
dez vous bien d'endurcir vos cœurs.]
2.Theff. Et auffi S. Paul,difant : [Gardez vous
5. bien d'efteindre en vous l'efprit de
Dieu :] c'eft à dire, fa fainĉte infpira-

tion. Et derechef: [Nous vous exhor- 2. *Cor.*4.
tons à ce que vous ne receuiez point
la grace de Dieu(c'est à dire, sa saincte
inspiration) en vain.] Ailleurs, ceux
qui resistét aux inspirations de Dieu,
sont dits par le mesme Sainct [faire *Heb.*10.
iniure à l'esprit de la grace, contrister *Ephes.*4.
de sainct Esprit, crucifier derechef le
Fils de Dieu, le mespriser, & en fin *Hebr.*6.
estimer le sang du Testamét soüillé.]
Et pour ce aussi Dieu a de coustume
de retirer ses graces de telles personnes en punition de leur ingratitude.
Car il est dit dans l'Evãgile: [A celuy *Matt.*13.
qui a, il luy sera donné, & il abódera:
mais à celuy qui n'a point, il luy sera
osté mesmes ce qu'il a.] C'est à dire,
qu'à celuy qui fera fructifier les graces qu'il a, Dieu en donnera dauantage, en sorte qu'il abondera: mais de
celuy qui ne les fera pas fructifier, il
les ostera. Et de faict, les Apostres ne
dirét-ils pas: [Parce que vous repous- *Act.*13.

ſez la parole de Dieu, & vous iugez
indignes de la vie eternelle(c'eſt à dire,& ne voulez non plus operer pour
la vie eternelle, que ſi vous vous en
iugiez indignes & incapables,) voila
que nous nous en allons & retournós
vers les Gentils?] De là vient que S.
Super   Bernard a dit: [L'ingratitude(laquel-
Cantic.   le ſe retrouue touſiours en ceux qui
reſiſtent aux inſpirations de Dieu)
eſt vn vent bruſlant qui tarit la fontaine de pieté, la roſée de miſericor-
de,& les ruiſſeaux de la grace.]

Or non ſeulement Dieu retire ſes
graces des perſonnes qui reſiſtent à
ſes ſainctes inſpirations (ce qui n'eſt
pas vn petit mal, veu que c'eſt vne
D.Tho.   doctrine commune en Theologie,
1.2. qu.   qu'il vaudroit beaucoup mieux faire
113.ar.9.   perte de tous les biens du móde, que
ad 1.   nó pas de la moindre grace de Dieu:)
mais encor,il les menace de pluſieurs
autres maux & ſupplices. Car pre-

mierement il est dit en l'Escriture:[Il
a ouy le son de la trompete(c'est à di- *Ezec.33.*
re,receu l'inspiration de Dieu,) & ne
s'est pas gardé (c'est à dire, ne l'a pas
observée ny practiquée,)son sang sera sur luy:] c'est à dire,il sera cause luy
mesme de son malheur. Sainct Paul *Rom.1.*
dit:[La colere de Dieu est revelée du
ciel sur toute impieté & iniustice des
hommes qui retiennent la verité en
iniustice:]c'est à dire,qui cognoissans
le bien ne le font pas.Et derechef:[La *Heb.6.*
terre qui boit souuent la pluye qui
tombe sur elle, & ne produit que des
espines & chardons (c'est à dire,l'ame
qui reçoit souuent les inspirations de
Dieu, & fait tousiours des meschátes
œuvres,) est reprouuée, & tres-pro-
chaine de malediction, dont la fin
tend à estre bruslée.] L'Ecclesiastique : [Le cœur obstiné sera bien mal *Eccl.3.*
traitté de Dieu sur la fin de ses iours.]
Conformément à cecy Dieu dit ail-

Prou.1. leurs : [Ie vous ay appellé, & vo° avez refusé de venir : I'ay estédu ma main, & vous n'avez daigné la regarder: vous avez mesprisé tout mon conseil,& negligé mes reprehensions : & moy ie me riray aussi en vostre perte, & me gausseray, quand il vous sera arrivé ce que vous craigniez.]

Pour toutes ces considerations donc, à celuy qui resiste aux inspira-*Rom.2.* tions de Dieu l'on peut dire : [Selon ta dureté & ton cœur impenitent, tu te thesaurises la colere de Dieu pour le iour de sa colere.]

Et si dauanture les femmes qui ne se voudront reformer ayans leu tout ce qui a esté dit cy-dessus, veulent maintenir n'y avoir aucun peché à estre desbraillées comme elles sont;il leur faut dire ce que sainct Pierre dit *Act.5.* à Ananie : [Tu as menti au S. Esprit, & non pas (seulemét) aux hommes.]

F I N.